EL GATO ASESINO SE ENAMORA

*A LA
ORILLA
DEL VIENTO*

Primera edición en inglés, 2015
Primera edición en español, 2015

Fine, Anne
   El gato asesino se enamora / Anne Fine ; ilus.
de Cecilia Rébora ; trad. de Juana Inés Dehesa.
— México : FCE, 2015
   96 p. : ilus. ; 19 × 15 cm — (Colec. A la Orilla
del Viento)
   Título original: The Killer Cat in Love
   ISBN 978-607-16-2949-4

   1. Literatura infantil I. Rébora, Cecilia, il. II.
Dehesa, Juana Inés, tr. III. Ser. IV. t.

LC PZ7   Dewey 808.068 F594g

Distribución en Latinoamérica y Estados Unidos

D. R. © 2015, Fondo de Cultura Económica
Carretera Picacho Ajusco 227, Bosques
del Pedregal, C. P. 14738, México, D. F.
www.fondodeculturaeconomica.com
Empresa certificada ISO 9001:2008

Colección dirigida por Socorro Venegas
Edición: Susana Figueroa León
Traducción: Juana Inés Dehesa
Diseño: Miguel Venegas Geffroy

Comentarios y sugerencias:
librosparaninos@fondodeculturaeconomica.com
Tel.: (55)5449-1871. Fax: (55)5449-1873

ISBN 978-607-16-2949-4

Impreso en México • *Printed in Mexico*

EL GATO ASESINO SE ENAMORA

ANNE FINE

ilustrado por
CECILIA RÉBORA

traducción de
JUANA INÉS DEHESA

FONDO
DE CULTURA
ECONÓMICA

Índice

Bla, bla, bla, bla...

Está bien, *lo admito*. Nadie me dará el premio al gato más paciente, pero cualquiera se hubiera enojado tanto como yo. Estaba de lo más tranquilo, tomando una siestecita en la cama, cuando entró Eli.

—¡Tufy, Tufy! —se arrojó al lado mío y empezó a hacerme cosquillas en la panza—. ¡Cuánto te quiero, Tufy! Amo tu pelo tan suave y tus orejitas chiquititas y tus patitas tan lindas, y amo...

Bla, bla, bla, bla. Duro y dale con que amaba esto y aquello.

Nada que ver con lo que había sucedido esa mañana. ¡Nada! Yo estaba de panza en el canal del desagüe de la cochera, suficientemente alto para que no me viera el antipático del mirlo que se posa en el seto. Llevaba *horas* ahí (la maléfica bola de plumas no hace más que guiñar los ojos, y le toma años bajar la guardia).

Ni siquiera estaba cómodo. El papá de Eli, el Sr. Creo-que-me-voy-a-ocupar-de-eso-el-fin-de-semana, tenía el canal hecho un desastre. Estaba lleno de ramitas, casta-ñas podridas y partes oxidadas que me daban comezón.

Yo estaba a punto de saltar. ¡A punto! Había aguan-tado pacientemente todo el tiempo que la mamá de Eli pasó parada en el escalón de la entrada, agitando los brazos para disipar el humo de su pan tostado que-mado; había esperado a que la vecina terminara de tender las sábanas; hasta había esperado a que el agua del baño matutino de Eli corriera cañería abajo.

Ya casi terminaba mi cuenta regresiva, "cinco… cua-tro… tres… dos…", cuando la ventana del baño se abrió violentamente.

—¡Tufyyyyyy! ¡No! ¡No te atrevas, Tufy! ¡No!

Di la media vuelta para lanzar a Eli una de esas miradas que quieren decir "oye, muchas, *muchas*, gra-cias. ¿Por qué no te ocupas de tu propia vida y me de-jas a mí vivir la mía?"

El maléfico mirlo voló hasta el árbol y me cacareó su triunfo (bueno, no, ya sé que los mirlos no cacarean, pero el sonido era definitivamente más una burla que un gorjeo).

Me di por vencido.

Después de eso, cualquiera hubiera pensado que estábamos en un capítulo de una serie de detectives. Eli bajó corriendo las escaleras y salió al jardín, todavía en bata. Supongo que si hubiera tenido a la mano cien metros de cinta amarilla, de la que pone la policía para proteger la escena del crimen, la hubiera colgado alrededor del seto.

—¡Tufy! ¡Baja de ahí! ¡Eso estuvo *muy mal hecho*! ¡Baja en este instante! —me llamó.

Me fui de ahí. Salí por el techo de la cochera hasta la avenida Acacias para buscar a la pandilla. Pero al final tuve que regresar a casa (estaba empezando a hacer frío y Bella y Tigre jugaban a zarandear ratones en el jardín de Gatucho; me choca andar por ahí, los lloriqueos del bebé cuando no lo dejas acariciarte me ponen de nervios).

La mamá de Eli me estaba esperando. En cuanto crucé la puerta, me tomó en sus brazos.

—¿Quién es un gatito malo, muy malo? —me preguntó mientras me hacía cosquillas bajo la barbilla—, ¿quién quería hacerle maldades a un pobre pajarillo en el jardín de mami? ¿Quién más vale que cambie de costumbres si no quiere que mami lo deje de querer? Sí, sí, mami lo va a dejar de querer.

Ay, ¡doble buu! Lo que más coraje me da es la hipocresía de todo el asunto. ¿Para qué tener un gato si lo que realmente quieres es algo suave y fofo que nunca salga a dar la vuelta o tenga una vida propia?

¿Por qué no conseguirse un cojín a manera de mascota? ¿Por qué no encariñarse con un sillón?

Así las cosas; comprenderán por qué cuando subí la escalera y Eli empezó con sus cursiladas de que amaba mis patas y mis bigotes y toda la cosa, no tenía ganas de escucharla.

Me ama, ama *todo* de mí. Es lo único que digo.

El amor es
para perdedores

Ay, está bien. Báñenme en mermelada y aviéntenme a una caja llena de avispas. Me pasé un poco de grosero.

Lo único que hice fue darles mi opinión a Tigre y Nieve.

—¡Amor! Me *enferma* la palabra esa. Estoy harto de la idea del amor —levanté una pata a la altura de mi hombro—. El amor es para *perdedores*.

Nieve inclinó la cabeza y guiñó los ojos.

—¡Ay, Tufy!, ¿cómo dices eso? Todo el mundo sabe que el amor hace girar al mundo.

—Estás completamente equivocada —dije. Y expliqué—. El mundo gira porque, cuando se separó del sol, se puso a dar vueltas como loco, y como en el espacio no hay nada que lo detenga, ha seguido dando vueltas. Vueltas y vueltas. Y así seguirá, casi para siempre.

—Pues muchas gracias por la clase —dijo Nieve muy chocante, y se fue.

Volteé a ver a Tigre.

—¡Uy! —dije, y me soplé en una pata—. Eso dolió, ¿no?

Tigre se encogió de hombros.

—Es porque está enamorada.

—¡Nooooo! ¡Hazme picadillo y cúbreme de cebolla! —estaba *pasmado*—. ¿Nieve, enamorada? ¿De quién?

—De Jasper.

Me quedé boquiabierto.

—¿Jasper? ¿Ese salvaje gato callejero que deambula por el callejón Huggett? ¡No puede ser!

—Pues es verdad.

—¿En serio? ¿Qué hace ella enamorándose de semejante bruto de seis dedos?

—Según ella, tiene "mucho estilo".

—¿Mucho estilo? —me estremecí—; ¡iuugh!

Tigre miró por encima de su hombro para cerciorarse de que Nieve no hubiera regresado y pudiera escucharnos. Y luego añadió:

—Dice que Jasper tiene "onda".

—¿Onda? ¿Tuerto y con una oreja chueca? ¿Y con esos mechones de pelo que le faltan?

—Ella dice que le van a volver a crecer.

—¿Y el ojo? ¡No lo creo!

—No, no. Sólo el pelo.

—Hasta que llegue su próxima pelea.

Tigre agitó la cabeza tristemente.

—Tenemos que aceptarlo, Tufy. A ciertas damas las vuelven locas los tipos un poco rudos.

—Ese Jasper no es "un poco rudo" —dije—. Ese Jasper es un bárbaro horripilante. Ese Jasper merece que lo encierren. Ese Jasper...

—¡Shhhh!

Tigre tenía una pata levantada, señalando a mis espaldas.

Entendí el mensaje y me di la vuelta.

¡Ups!

—¿Qué tal, Jasper? —dije, apresuradamente—, ¿cómo va todo? ¿Las cosas en orden por el callejón Huggett?

Ni siquiera se tomó la molestia de responderme.

Sólo me escupió al pasar.

—¿Ves lo que te digo? —dije, una vez que lo perdimos de vista—. No es más que un rufián ignorante. No entiendo qué le ve nuestra Nieve.

Tigre se trepó al muro.

—Pregúntale a ella —dijo—. Si no me crees, averígualo tú.

¡Hoola! ¡Tierra llamando a Nieve!

Cuando volví a ver a Nieve, ese mismo día, estaba de vuelta en el muro y, por lo que se veía, no estaba muy ocupada que digamos. Se preguntarán cómo podemos distinguirlo, porque ustedes probablemente piensen que la mayoría de los gatos nos la pasamos echados todo el día, sin hacer nada. Y sí, he de admitir que no somos tan bobos ni tan frenéticos como los perros.

Aquí mi imitación de un perro:

—¡Qué maravilla! ¡Ya se están despertando! ¡Es lo que más me gusta en la vida! ¡Increíble, me abrieron la puerta del jardín para que salga! ¡Es lo que más me gusta en la vida! ¡Yupi, desayuno! ¡Es lo que más me gusta en la vida! ¡Excelente, el parque! ¡Lo que más me gusta en la vida! ¡No lo puedo creer, me voy a subir al coche! ¡Lo que más me gusta! ¡Soy tan feliz, un paseo! ¡Lo que más me gusta! ¡Me aventaron una pelota! ¡Lo que más me gusta en el mundo! ¡Maravilloso, otra vez en casa! ¡Lo que más me gusta! ¡Fascinante, que me rasquen las orejas! ¡Lo que más, más, me gusta en la vida! ¡Qué rico, comida que se cayó de la mesa! ¡Lo que más me gusta!

Y así podría seguir todo el día.

Así que los gatos, comparados con los perros, sí pasamos mucho tiempo echados; pero Nieve tenía algo raro en la mirada. Algo soñador, diría yo. Lejano. Nostálgico.

Me le acerqué.

—Entonces —dije—, ¿es cierto lo que me dijo Tigre, sobre Jasper y tú?

Ya sabrán ustedes que los gatos no se ruborizan (o tal vez lo hagan, pero debajo del pelambre), pero les apuesto medio millón de cenas de pescado fresco a que, si acaso los gatos se ruborizaran, ella se hubiera puesto color bermellón.

—¡Ay, Tufy! —dijo—, trata de alegrarte por mí.

La miré fijamente (sí, vamos, hiérvanme en jugo de ciruela, ya sé que es grosero observar fijamente, pero estaba sorprendido).

—¿Por qué?

—Porque estoy *enamorada* —contestó—. Porque las estrellas brillan más y el mundo es mucho más hermoso.

—Todo menos Jasper.

Nieve me miró muy feo.

—¿Qué tiene de malo Jasper?

—¡Hoola! —dije—, ¡Tierra llamando a Nieve! ¿Qué tiene de malo Jasper? ¿Además de su mirada incompleta, su oreja chueca y sus modales toscos?

—Conmigo es lindo —dijo.

—Puede ser —le dije—, pero a mí me acaba de escupir. Y sin ningún motivo.

—Estoy segura de que si lo conocieras te caería mejor.

—Puede ser —dije—; pero puede ser que no. (Podría haber apostado a que no, pero no era cosa de decirle eso a Nieve, ¿verdad? Pues no.)

Puse mi cara más inocente y le pregunté:

—Nieve, ¿qué es lo que te atrae tanto de Jasper?

—Es tan fuerte y valiente —dijo en un ronroneo.

—Te concedo —dije— que no es ningún debilucho. A todos nos dejó muy impresionados cuando mató a la rata gigante que salió disparada del desagüe de los Tanner. Y sé que nunca ha perdido una pelea. Me consta que es el único gato de los alrededores capaz de levantar la tapa del contenedor de basura de casa de la señora Nichols, y podría asegurar que ningún pájaro se atrevería a hacer su nido a menos de un kilómetro de distancia de donde Jasper sale a pasear por las noches. Seguramente hasta masca piedras como desayuno —estiré mis patas—. Pero, ¿y eso qué? ¿Por qué alguien querría juntarse con él?

Nieve había hecho una mueca.

—¡Tufy! ¡Jasper es *hermoso*!

—¡Claro que no! —protesté—. Hermoso es que tu pelaje sea muy brillante y distinguido, como el mío —eché la cabeza para atrás, en gesto noble, y saqué el pecho—. Hermoso es que tu pelaje sea sedoso y tupido, sin partes pelonas, como el mío —di una vuelta para mostrarle mi mejor ángulo—. Hermoso es que tus rayas sean atractivas y tu color cobrizo, irresistible, no escandaloso o vulgar —y añadí, con algo de amargura—: y hermoso es también que te enseñaran a no escupir a nadie.

Nieve levantó una pata y soltó un maullidito.

—¿A qué viene la risita de niña? —le pregunté, muy serio.

—Tufy —dijo—, ¿no será que le tienes un poquitito de envidia a Jasper?

Me ofendí.

—¿Yo? ¿Envidia a ese tarado horrendo? ¡Ay, por favor!

—Pues *suena* un poquito a envidia… —llamó a Tigre, que venía corriendo hacia nosotros—. ¡Tigre! ¡Me parece que Tufy le tiene un poco de envidia a Jasper!

—No le tengo envidia a Jasper —insistí—. Sólo estoy tratando de inspirar en Nieve un poco de

cordura. ¿Qué necesidad tiene de fijarse en un gañán harapiento como Jasper cuando hay tantos gatos maravillosos y bien educados?

—Porque —explicó Tigre— el amor no funciona así. El amor verdadero es *ciego*.

Bufé.

—¡Y Nieve debe ser ciega también, si le gusta Jasper!

Está bien, está bien. Acaben conmigo; admito que eso fue un poco grosero. Desde luego, puso a Nieve de muy mal humor. Por segunda vez en el día se dio la media vuelta y se fue con la cabeza en alto.

Volteé a ver a Tigre.

—¿Ya ves? El amor no es más que un montón de problemas. Ahora convirtió a una de nuestras mejores amigas en la señorita Berrinches.

Tigre sacudió la cabeza.

—Tufy —dijo—, es que tú no entiendes. ¿Qué puede saber del amor alguien tan amargado como tú?

Garritas en las olas de la pasión

¿Que qué puedo saber del amor? Pues les digo que *muchísimo*. No crean que aquí su Tufy nunca ha remojado sus peludas garritas en las olas de la pasión.

He jugueteado con el amor cuatro veces.

Mi primer gran amor fue Coco. La maravillosa e inigualable Coco. ¡Negra! ¡Brillante! ¡De ojos dorados! ¡Ay, y la suavidad de su andar! Adoraba a Coco a la distancia… bueno, a la distancia de mi jardín, unas cuantas casas más allá del suyo.

En aquel entonces yo era joven, demasiado como para haber dominado el arte de cortejar a una gata; cada vez que Coco se contoneaba frente a mí, yo le daba la espalda y fingía que ni me percataba de su presencia, absorto en mi juego de "revolver a los escarabajos en la coladera".

Nunca me atreví a decirle una palabra.

Hasta que una espantosa tarde vi con Eli una vieja película en la tele. En ella, una bella joven bailaba con un tipo rico y muy desagradable que le presumía a todos sus amigos que se casaría con ella. Desde el balcón del coro, un guapo muchacho que tocaba el laúd los observaba con aire triste; era tan pobre que había tenido que pedir aventón al castillo en la carreta de la paja.

Uno de los otros músicos escuchó suspirar al chico y le preguntó qué sucedía. Nuestro héroe señaló a la muchacha.

—¡La amo! —gritó—. Y sin embargo, ¡estoy perdido! Ese hombre es rico y yo no tengo un centavo, ¿cómo podría ella fijarse en mí?

—¡Ánimo! —dijo su amigo—, ¡cobarde corazón nunca alcanzó dama hermosa!

Así que, al callar la música, el muchacho pobre tomó a la bella joven de la mano y la llevó detrás de una columna. Ahí, ¡su lengua se volvió de plata! Habló de estrellas, de luz de luna y de su corazón desbordante; le dijo que si lo despreciaba, moriría de tristeza.

—¡Cásate conmigo! —le suplicó—, ¡huye conmigo esta misma noche! Seremos marido y mujer.

Recuerdo que Eli lloró al final de la película. Yo mismo tuve que echar mano de su pañuelo estrujado para limpiarme una pequeña lágrima. "Cobarde corazón nunca alcanzó dama hermosa —me dije—, ¡seré valiente!"

Pero el destino es cruel. Al día siguiente, cuando llegué corriendo al jardín de Coco, ella ya no estaba. Su familia entera se había ido. Todo lo que quedaba era una casa vacía, un letrero de "se renta", tres contenedores de basura llenos hasta el tope y un montón de trastos viejos.

Miré hacia el final de la calle. Y ahí, a punto de dar vuelta a la esquina y desaparecer para siempre, estaba la parte trasera del camión de mudanzas.

—Se mudan a Huddersfield —explicó Tigre, cuando me vio agitar una pata—. ¿No sabías que se iban?

No, no lo sabía. Y aun después de que ha pasado tanto tiempo, mi corazón todavía está muy sensible como para recordar a Coco.

Los derechos de los gatos

Mi siguiente amor fue Tamara. Era una gata persa con rayas grises y ojos seductores. La vi en el veterinario y me dio un vuelco el corazón. Me tomó siete semanas localizarla en la zona más elegante del pueblo.

Era la líder del grupo local de Derechos de los Gatos. Al parecer, se reunían todas las noches y, como era imposible conseguir una cita privada con ella, terminé por unirme al grupo con tal de sentarme a observar la cara de Tamara y escucharla vociferar las demandas colectivas.

—¡Los gatos queremos tener derecho a quedarnos afuera toda la noche!

Como era una reunión formal, levanté la pata.

—Ya lo tenemos —expliqué—, hasta las personas que no tienen gatera en sus puertas suelen dejar abierta alguna ventana del piso de arriba.

—¡Eso no nos sirve de nada! —dijo Tamara enojada—. ¡Eso no es más que suerte! ¡Lo que necesitamos es una ley! —pasó al siguiente tema en su lista—. ¡Exigimos el derecho a cazar sin que se nos reprima!

Tosí educadamente en mi pata hasta que varios voltearon a verme.

—Ya tenemos eso también —dije—, nadie nos obliga a traer a la casa nuestras presas muertas para que las vean.

Me di cuenta de que Tamara me estaba ignorando. Simplemente siguió con su lista.

—Queremos el derecho a treparnos al bebedero de los pájaros.

Ahora sí, me estaba impacientando.

—Pues súbete, ¿qué te detiene? —dije (¡vaya que son blandengues! ¿Necesitaban que les *dieran permiso?*)

Una vez más, cualquiera hubiera dicho que yo no hablé. Como si mis palabras fueran una suave brisa que flotaba sobre nuestras cabezas.

—Queremos el derecho a quedarnos trepados en los árboles tanto tiempo como queramos, sin que alguien

al pie del árbol insista en convencernos de bajar o co-
rra en busca de una escalera —dijo Tamara.

—Sólo quieren ayudar —expliqué—; piensan que
te quedaste atorado.

—¿Atorado? —si las miradas pudieran pulverizarte
hasta los calcetines, yo hubiera desaparecido; Tamara
hervía de furia—. ¡Atorado! ¿Cómo se les ocurre?

—Porque —le dije— muchos han oído que a los gatos nos cuesta más trabajo bajar del árbol que subir,
por la forma de nuestras garras.

—¡Eso es ridículo! —exclamó Tamara—, ¿cuándo
han visto a un gato morir de hambre porque no pudo
bajar de un árbol?

—Nunca —admití—; pero, la verdad, las personas
tienen fama de ser realmente tontas.

—Bueno, ése es otro asunto —escupió—, ¡los dueños! Los gatos exigimos el derecho a vivir nuestras vi-
das por nuestra cuenta, sin dueños.

El resto del grupo asentía.

—¡Sí! ¡No queremos dueños!

—¡De ninguna manera!

—¡No es justo!

—¡Dueños! ¡Bah!

—¡Pffff!

Yo fui el único que introdujo una nota agria en su coro feliz.

—No son mis dueños —insistí—. Dejo que me alimenten, pero eso es todo —ya que estaba en ésas, añadí—: y para ser honesto, para mí los humanos son muy útiles. Usualmente, si uno se les queda viendo fijamente el tiempo suficiente, te dan de comer. Una vez conseguido eso, me mando solo; si me da la gana arrastrar

la comida fuera del plato y embarrarla por el piso, es mi problema. No pueden evitarlo. También he comprobado que si conservo mis garras suficientemente afiladas, me abrirán todas las puertas por miedo a que raye la pintura. Además, son muy buenos para dormir la siesta sobre ellos; mi Eli es más cómoda que cualquier colchón. Siempre duermo sobre ella.

No había ganado ningún amigo, era evidente. Todos estaban cuchicheando entre sí.

—¿Quién es este agitador?

—¿Quién lo invitó?

—¿Es amigo tuyo?

—No tiene nada que hacer en este grupo.

—¿Le pedimos que se vaya?

Tamara tomó el control. Clavó en mí su mirada de acero y preguntó:

—¿Por qué viniste?

No iba a decirle la verdad, ¿o sí? Ni modo que dijera: "porque pienso que eres preciosa y quiero que salgas conmigo"; así que sólo murmuré algo sobre que me había confundido de noche para el ensayo del coro.

Y salí huyendo.

¡Te engañé, Tufy!

La siguiente vez que me enamoré fue de Chiquis; digamos que era de la clase social equivocada. No piensen que soy un pedante, pero es que Chiquis era poco menos que *salvaje*: había crecido en el bosque y todavía tenía semillas atoradas en lo más profundo de su pelaje, con ramitas que salían y apuntaban hacia todos lados y olía, más que nada, a moho.

Más que nada...

Tenía como cuatro mil hermanos, hermanas y primos; algunos de ellos elegían refugiarse del invierno en el granero de los Mellor y los llamaban "Los debiluchos". Nunca supe dónde dormía Chiquis, pero lo que sí sé es que no era una debilucha: tenía un bufido terrorífico y unas garras sanguinarias.

Su sentido del humor era extrañísimo. Un día me lastimé una pata y no se mostró compasiva en absoluto;

iba detrás de mí, imitándome y cojeando peor que yo, mientras se burlaba con sus amigos y me hacía quedar en ridículo. No fue nada amable de su parte.

En otra ocasión, le llevé de regalo uno de esos magníficos ratones hechos de hierba gatera. Jugó con él un rato y luego me dijo que quería decirme un secreto al oído.

Me acerqué y me eructó en la oreja.

Fuerte. Fortísimo.

¡Horrible!

En nuestra última cita, llegué al bosque y la encontré tumbada boca arriba, sobre un tronco, con la cabeza colgando.

Empecé a maullar ansiosamente.

—¿Chiquis? ¿Chiquis, estás bien?

Pero no se le movió ni un bigote.

Preocupado, la empujé con la mayor suavidad.

Nada. Ni la más mínima respuesta.

Dejé escapar un aullido de tristeza. Pensé que estaba muerta. ¡Muerta! ¡Mi amada! Ahí, tirada, con la vida trunca. ¡Tan joven! Tan bella (a excepción del pelo enmarañado y las ramitas). ¿Cómo podría soportarlo?

Me acerqué buscando un último roce de narices.

Sus ojos se abrieron súbitamente.

—¡Sorpresa! ¡Te engañé, Tufy! ¡Ja!

No me hizo la menor gracia. Además de hacerme sentir como un reverendo idiota, casi me mata del susto. En ese instante acabó mi gran amor por Chiquis.

Mi último chapuzón
en el mar del amor

La cuarta y última vez que estuve enamorado fue de Meli, pero no duró demasiado; era como salir con una gelatina.

Le preguntaba:

—¿Quieres trepar al muro y aullarle a la luna?

—Bueno —decía.

Después de un rato, me aburría y se me ocurría algo distinto.

—¿Quieres ir a cazar ratones al canal?

—Bueno.

Y ahí íbamos. No tenía nada qué decir; sólo se sentaba y me miraba. Yo acorralaba a un ratón o dos, pero estaban tan aterrorizados que no podía ni jugar con ellos, así que los dejaba ir.

—Qué aburrido. ¿Quieres ir a buscar a los demás?

—Bueno.

Pero para ese momento los demás ya se habían conseguido algo divertido qué hacer, como jugar "cruce de gateras" o "espanta a los niños" (cuando arañas las ventanas de los cuartos de los niños para hacerlos creer que hay un monstruo afuera). Era muy complicado averiguar adónde habían ido, así que mejor acompañaba a Meli a su casa y nos despedíamos en la ventana del baño.

—¿Quieres salir mañana en la noche?

—Bueno.

En nuestra tercera cita, de pronto me le quedé viendo y pensé "no tiene nada en la cabeza; esta gata no tiene nada qué decir. No tiene ideas. Tiene un cerebro *completamente* hueco".

Pensé que sería bueno probar mi teoría.

—¿Quieres jugar "el que se quita, pierde" en el cruce del tren? —le pregunté.

¿Adivinen qué me contestó?

—Bueno.

—Después de eso —sugerí—, podemos ir al granero de Eliot, el granjero, y beber de las botellas que tienen una calavera y unos huesos en la etiqueta.

—Bueno.

La miré fijamente. No podía creerlo. ¿Qué tendría entre sus dos preciosas orejitas? ¿Aserrín?

—Y luego —dije, ya para cerrar el asunto—, podemos caminar en el borde de la cerca que guarda al pitbull en la calle Tait; se mueve tanto, que podemos probar de qué lado caemos; si de su lado o del lado seguro.

—Bueno.

—¿Ya nos vamos? —le pregunté.

—Bueno.

La acompañé a su casa, y así terminó el cuarto y último chapuzón de Tufy en el mar del amor.

Tufy *Corazón de Roca*

Sólo pensar en todo esto me había puesto a temblar. Le dije a Tigre:

—¿Conque soy demasiado amargado para conocer el lado suave de la vida, no? Bueno, pues para que sepas, ¡es mejor ser amargado, amigo! Yo ya tuve suficiente del amor, para siempre.

Se veía entretenido.

—Tú espera, Tufy. Espera a que vuelva a sucederte.

Me indigné.

—Primero la letrina de Jack, el granjero, empieza a oler a rosas, en lugar de a p...

Me detuve al ver que Tigre ya no me prestaba atención. Sus ojos no dejaban de ver la casa detrás de nosotros. La familia que la había rentado por años se había ido hacía cuatro semanas y su jardín era un desastre.

De pronto, Tigre volteó hacía mí y preguntó:

—¿Qué a ti no te gustaba una gata muy elegante, negra y con ojos dorados?

—¿Coco? —suspiré—. Ay, Tigre. Eso fue hace muchísimo tiempo. Era una dama muy especial, pero esos días se han ido para siempre.

Tigre habló, cada vez más interesado.

—¿De veras crees que nunca volverás a amar? —echó otro vistazo al desordenado jardín—, ¿cuánto quieres apostar?

Yo estaba perfectamente seguro de mí mismo.

—¡Lo que quieras! Tufy *Corazón de Roca* nunca jamás se volverá a enamorar.

—No digas "nunca jamás" —dijo Tigre—. Apostemos a que te enamoras en los próximos tres días.

—¡Prepárate para perder! —dije, fanfarrón—. ¿Qué apostamos?

Tigre se encogió de hombros.

—Escoge lo que quieras, Tufy. No me importa qué sea, porque no tienes posibilidades de ganar.

—¡Eso crees! —bufé, y pensé un poquito. ¿Qué quería ganarme a cambio de no hacer nada especial durante tres días? ¿Por no hacer nada más que pasear, libre y sin preocupaciones como acostumbro?

Se me ocurrió de pronto.

—¡Pido primeras para el plato de comida de Phoebe!

Permítanme explicar. Phoebe es una gata gris claro que vive con la anciana Wetherby al final de nuestra calle. Todos pensamos que la señora ya está medio chiflada, porque cada noche vacía un montón de salmón orgánico recién cocido en el plato de Phoebe.

¡Un montón! ¡Cada noche!

Y lo más chistoso es que a Phoebe ni siquiera le gusta el salmón cocido. ¡Ya sé! ¡Qué rara! Pero no le gusta; nunca le ha gustado ni le gustará. Así que cuando tiene hambre, lo que hace es meterse a la casa de junto, la del señor Fallowfield, y comerse la comida de lata de Pelusa.

Se preguntarán ustedes, ¿y dónde come Pelusa? Pues resulta que a Pelusa no le gusta la comida de lata, sino que lo suyo son las croquetas. Así que una vez que sus vecinos, los Harrison, ya se durmieron, se mete por la gatera y se come la comida de Héctor.

Y Héctor suele visitar la casa del señor Patrick y comer allí.

¿Qué ninguno de nosotros come en su propia casa?

Pues la mayoría, no. Catarina es una ñoña y no sale de su casa. Y Alfie, lo mismo, pero he de admitir que una vez que la gente de la cuadra apaga las luces, casi todos entramos y salimos de las casas ajenas a nuestro antojo. A una mala persona de la cuadra se le ocurrió instalar una de esas gateras electrónicas que sólo dejan entrar a su propio gato; total que lo atropellaron, así que ya ni siquiera hay comida en esa casa.

El mejor lugar de los alrededores para conseguir comida es la casa de la señora Wetherby. ¡Por mucho! Si Tigre y yo no estuviéramos tan preocupados por guardar el secreto, ya hubiéramos rascado cinco estrellas de excelencia culinaria en su puerta trasera; pero como no queremos que todo el mundo se entere, nos quedamos callados y tomamos turnos muy estrictos. A quien le toque "primeras" esa noche, entra y come tanto como quiera. Es tan bueno, que a menudo no queda nada para el que entra después.

El pobre Tigre tiene pasión por el salmón cocido y de inmediato noté que mi sugerencia lo sacudió.

—¿Primeras para el plato de Phoebe? ¿Durante cuánto tiempo?

—Si estás tan seguro de que voy a perder —le dije, cauteloso—, ¿qué te parece una semana?

Entonces sí se sacudió.

—¿Una semana? ¿Quieres primeras en el plato de Phoebe durante *una semana entera*? —pero, casi instantáneamente, se repuso—. Tienes razón, no tengo nada de qué preocuparme. Jamás vas a ganar, así que sí, es un hecho. El reto "Tufy se enamora" está en marcha.

¡Flip!

Acabábamos de chocar las patas para sellar el trato cuando Tigre dijo:

—¡Mira detrás de ti, Tufy!

Miré detrás de mí.

¡Coco! ¡De vuelta en su casa y su jardín!

Ahí estaba, en el porche frente a la puerta principal. Con sus ojos dorados brillantes y su pelaje negro como carbón reluciente. Sus orejitas seguían tan puntiagudas y alertas como siempre. No había cambiado nada.

Mi corazón dio un vuelco. ¡Flip!

Lo siento; envuélvanme en masa y háganme empanada. De un empujón, tiré a Tigre del muro y cayó sobre un montón de latas viejas. ¡Se lo merecía! Para cuando volvió a trepar hasta llegar junto a mí, yo ya estaba más tranquilo.

—¿Por qué hiciste eso? —refunfuñó mientras se quitaba pedacitos de espagueti de lata de un hombro y se limpiaba el aceite de sardina de las patas.

En son de paz, le quité de una oreja un grano de elote mohoso.

—Perdón —le dije—; fue un terrible accidente. Perdí el equilibrio y me recargué sobre ti.

Pero Tigre no es ningún tonto.

—¡Claro que no! —dijo—, estás enojado conmigo, ¿verdad? Porque finalmente te diste cuenta de que *ella* está de regreso.

Abrí los ojos como platos.

—¿Ella?

—¡Ya sabes quién! —se dio la vuelta para señalarla, pero venturosamente, Coco ya se había metido a la casa y mi corazón pudo dejar de latir como loco.

—No veo a nadie —dije.

—Estaba ahí hace un momento. Tienes que haberla visto.

—¿A quién?

—¡Coco! La gata esa que te encantaba.

Puse cara de ingenuidad.

—Creo que no me acuerdo…

—¡Claro que te acuerdas! —gritó Tigre—. ¡La adorabas! ¡Hablabas de ella todo el tiempo!

—No; yo no hago esas cosas.

—Ya sé, pero estabas enamorado. El problema fue que esperaste demasiado tiempo y, cuando estabas listo para declararle tus sentimientos, la familia ya se había mudado.

—¿En serio?

Tigre ya se había cansado de mi indiferencia.

—Niégalo si quieres, Tufy. Pero si eres capaz de pasar tres días viviendo a unas cuantas casas de Coco sin enamorarte de nuevo, yo me como mi tazón de agua.

—Es muy buena idea —le contesté, enojado—. ¡Porque no creas que vas a comer ni un poco del salmón de Phoebe! Para ese momento, ya habré ganado la apuesta y seré yo quien se lo coma todo.

Y me fui, muy digno.

Logré llegar a casa y subir hasta el cuarto de Eli y, entonces sí, me desmoroné. ¡Gracias al cielo que Eli estaba en la escuela! Si no, hubiera pensado que ya me había vuelto loco; corría alrededor del cuarto, maullando "¡Coco! ¡Coco! ¡Coco, mi amor! ¡Mi amor!" Las cosas de Eli salían volando en todas direcciones cuando pasaba zumbando junto a ellas, pero apenas me daba cuenta. ¡Que giraran todos los recuerdos! ¡Que cada pequeño tesoro cayera de las repisas sin ton ni son!

Pronto, el piso estuvo tan cubierto de cosas rotas que mis circuitos vertiginosos se volvieron imposibles y me trepé a la cajonera, donde empujé al piso un montón de ropa recién planchada y peleé un par de rounds de box con mi sombra frente al espejo de Eli.

Cuando me cansé de todo eso, trepé a lo más alto de la cortina y de ahí me lancé de clavado a la cama, una vez y otra y otra más.

Deben haber pasado por lo menos unos diez minutos antes de que pudiera calmarme. Cuando eso sucedió, me eché sobre la cama y sonreí angelicalmente.

—¡Coco! ¡Coco, mi único y dulce amor, por fin has vuelto a mí!

Empecé a soñar despierto. Primero, nos imaginé a los dos paseando juntos por un campo tapizado de flores, con pajarillos cantando sobre nuestras cabezas, un sol resplandeciente y un cielo cubierto de nubes acolchonadas.

Mi pata sobre su pata; su pata sobre la mía…

Luego me imaginé salvando su vida. Estábamos los dos junto a un río turbulento; Coco resbalaba y caía, su cabecita empapada entraba y salía del agua. Yo me lanzaba a la corriente sin miedo y, sin detenerme un segundo a pensar en mí, nadaba hasta tomarla del pescuezo y remolcarla a la orilla.

—¡Tufy! —gemía—, ¡eres mi héroe! ¡Tan valiente! ¡Tan fuerte! ¡Tan amoroso!

Después, nos imaginaba en unos cuantos años. Con gatitos, ¡canastas y canastas de gatitos! Algunos negros y brillantes como Coco, otros compartían el colorido de mis propias rayas, pero todos listos y vivaces, bellos y de buen carácter. La familia perfecta.

—¡Tufy! —me susurraba al oído la Coco imaginaria—, ¿quién hubiera pensado que llegaría hasta nosotros felicidad tan perfecta?

¿Quién, a ver?

Desde luego, no la mamá de Eli, eso seguro. Asomó la cabeza por la puerta y me vio sobre la cama.

Y luego sus ojos recorrieron el cuarto.

¡Está bien, está bien! Táchenme de la lista de mascotas que se ganan estrellitas por buen comportamiento. Puede ser que el cuarto estuviera todo tirado y hubiera un par de cachivaches rotos en el piso o que las cortinas estuvieran hechas jirones, la ropa limpia regada y los libros de Eli se hubieran caído de los libreros a causa de mis malos cálculos o que la colcha estuviera tapizada de pelos.

Pero eso no era razón suficiente para que la Sra. Pero-mira-nada-más-qué-hiciste me tomara del pescuezo y me aventara fuera de la casa, en medio de la tormenta. Y, sin embargo, eso fue exactamente lo que hizo.

Así es; lo lee uno todo el tiempo en los libros: "amar es sufrir", y lo escucha en las canciones: "el amor duele".

Tú y yo solos

Me quedé miserablemente en el cobertizo. Llovía demasiado como para ir en busca de Coco (nadie quiere aparecer escurriendo y mal peinado ante el objeto de su amor), así que me puse a pensar en lo que le diría.

Podía invitarla a salir. Aunque probablemente no sería del tipo al que le gusta jugar "cruce de gateras" o "espanta a los niños"; ni siquiera a "revolver escarabajos en la coladera".

Tendríamos que hacer algo más de adultos…

Debería invitarla a cenar, ¡sí! Ése era el tipo de plan que un gato elegante como yo podía ofrecerle a alguien de tanto estilo como Coco.

¿Pero adónde? No al bosque, desde luego. Más allá de que Chiquis pudiera caernos encima desde un árbol, muchos de los ratones de campo muertos que hay por ahí ni siquiera están frescos.

Podíamos, claro, cenar en mi casa. Pero esta semana el Sr. No-me-voy-a-tomar-la-molestia-de-comprar-provisiones-hasta-la-otra-semana estaba echando mano de las croquetas de pollo bastante pasadas de su fecha de caducidad. A Coco eso seguramente le daba horror. Yo rara vez lo pruebo, sólo lo mojo y empujo los grumos debajo del refrigerador, de puro coraje.

No, lo mejor sería…

¡Salmón orgánico cocido! Eso sería perfecto. Una hermosa cena romántica al calor de la chimenea antigua de la señora Wetherby.

Conté con los dedos. ¿A quién le tocaba primeras en la cena elegante esa noche? ¿A mí o a Tigre?

¡Maldición! A Tigre.

Pero al día siguiente la señora Wetherby y Phoebe pasarían la noche en casa de la hermana de la señora Wetherby. No habría fuego acogedor y el plato de comida de Phoebe estaría completamente vacío.

Y la noche después de eso le tocaría otra vez a Tigre, porque le debía una noche que me había cambiado la semana anterior y que todavía no cobraba.

¡O sea que faltaban tres días enteros! Tres días antes de que me volviera a tocar primeras para el salmón. Eso me dio la idea. Eso y lo que dijo Tigre de que "había esperado demasiado" para cortejar a Coco la vez anterior.

¿Tendría que esperar otra vez?

¡Ya había esperado todo el tiempo que la familia estuvo en Huddersfield! ¿Qué eran tres días más? Hasta entonces, actuaría como si Coco no significara nada para mí. Engañaría a Tigre, a Bella y a Gatucho. No tenía que mostrar mis sentimientos como lo había hecho Nieve, lanzando risitas y suspiros y actuando como una tonta cuando pasaba Jasper.

No, yo no. Yo actuaría como si nada. Así, podría ganar la apuesta antes de que llegara mi turno de ir primeras el sábado en la noche; iría a casa de Coco, me recargaría casualmente en el porche y le diría: "¿se te antoja una cena agradable? ¿Tú y yo solos junto al fuego? ¿Qué te parece un salmón orgánico recién cocido?"

Sus ojos se abrirían de asombro.

—¿Salmón orgánico cocido? *¿En serio?*

—Claro —diría yo—; ven conmigo.

Y eso sería el principio de algo maravilloso, porque, durante una semana completa, los dos cenaríamos del plato de Phoebe en la cocina de la señora Wetherby. Podríamos conocernos mejor; hacernos reír. Yo le contaría mis hazañas más impresionantes y ella me compartiría pequeños secretos de su vida.

Para el siguiente sábado, cuando le tocara de nuevo el turno a Tigre, ya conocería a Coco tan bien, que podría proponerle: "¿Qué te parecen unas croquetas de pollo medio rancias? ¿Vamos a mi casa?"

A esas alturas, ya estaríamos tan enamorados que ni el horrendo olor a comida de gato podrida debajo del refrigerador importaría demasiado.

¡Excelente plan!

Francamente
impuntual

Está bien, está bien. Cúbranme de plumas y llámenme gallina. No tenía ganas de estar en la casa cuando Eli regresara de la escuela para encontrar su cuarto hecho un desastre.

Y no estaba dispuesto en lo absoluto a unirme al resto de la pandilla en la calle. No tenía ninguna garantía de conservar el aplomo si nos encontrábamos a Coco.

Así que cuando paró la lluvia, fui al bosque.

¿A quién creen que me encontré? Pues a Chiquis. Estaba sentada en el mismo tronco donde había muerto nuestro amor tantos años atrás.

—¿Qué hay de nuevo, Chic? —la saludé—. Te ves decaída. ¿Quieres venir conmigo al túnel del tren a aterrorizar vagabundos?

—No, gracias —dijo—, tal vez otro día.

—Bueno, ¿qué tal bajar al canal a jugar "¡muere, ratón de campo!"? Siempre has sido buenísima para eso.

—Ahora no, Tufy.

—¿Te vas a quedar ahí sentada toda triste?

—No estoy triste —me dijo, en tono helado—. Estoy esperando.

—¿Y qué esperas?

—A que llegue mi cita —dijo—, pero ya se tardó dos horas.

—Francamente impuntual —dije, tratando de consolarla—, ¿y es alguien que yo conozca?

—Puede ser.

—¿Quién?

—Jasper —admitió.

—¿*Jasper?* —estuve a punto de advertirle que no saliera con él porque era mala influencia, pero recordé que ella misma lo es—. ¿Por qué querrías pasar tu tiempo juntándote con ese bruto?

—Es divertido —insistió—; y es muy, pero muy atractivo e interesante.

—¿*Jasper?* Jasper no es ni remotamente atractivo.

—Claro que lo es. Para empezar, sólo tiene media oreja.

—Bueno, si a eso lo llamas una ventaja…

—Y tiene muchas partes calvas en el pelaje.

—Otra característica que no necesariamente significa que sea atractivo…

Chiquis se estaba poniendo de mal humor.

—¡Lo que pasa es que le tienes envidia!

—¿A ese salvaje horrendo? ¡Por favor! Alguien como yo no tiene absolutamente nada que envidiarle a un rufián zarrapastroso como Jasper.

—Pues tú no eres ni remotamente atractivo, tampoco —dijo cruel, Chiquis.

Me desconcerté un tanto.

—Bueno —contesté—, Jasper tampoco debe de pensar que tú eres tan maravillosa si llega dos horas tarde. Tal vez esté con alguien más.

Eso fue un *grave* error. Se le erizó el pelaje. Sacó las garras. Su espalda se arqueó horriblemente mientras siseaba. Su cara daba terror.

Sé reconocer cuando estoy más seguro en casa. El problema es que no fui suficientemente rápido.

Chiquis alcanzó a morderme el trasero mientras salía huyendo.

Dirígete hacia los sollozos

No puedo decir que me recibieron con cariño cuando me aparecí por el sendero del jardín. El Sr. Pero-qué-pena-pensé-que-te-habías-ido-para-siempre estaba parado en el escalón de la entrada.

—¿Escabulléndote para que no te veamos? —preguntó, sarcástico—. ¿Te diste cuenta de que allá afuera tampoco te quieren?

Lo miré como siempre y me dirigí a las escaleras.

—¡Anda, sube! —me gritó—, y si se te olvida cuál es el cuarto de Eli, dirígete hacia los sollozos.

Tenía razón. Estaba haciendo un ruido espeluznante; alaridos y sorbidos de mocos y sonadas de nariz a todo pulmón. A duras penas me atreví a asomarme por la puerta.

Estaba ahí sentada, con sus adornos destrozados apilados en torno a ella sobre la cama, llorando a moco tendido. Cada cierto tiempo tomaba un pedazo roto y las lágrimas le fluían todavía más.

—¡Mi precioso caballito de cristal! ¡Mi torre de arenas de colores! ¡Mi muñeca de porcelana pintada a mano!

Uy. No tenía ni idea de haber causado tanto daño.

Saqué la cabeza a toda velocidad. ¿Qué hacer? Podía volver a bajar las escaleras y aguantar más groserías del Sr. A-mí-*nunca*-me-cayó-bien-ese-gato.

O podía tratar de pasar por delante de la puerta sin que me vieran y esconderme en la alacena de las toallas, afuera del baño.

Escogí el armario de las toallas. De puntitas, crucé con mucho cuidado frente a la puerta entreabierta. Estaba a un bigote de distancia del otro lado cuando me descubrió Eli.

—¡Tufy!

Me quedé congelado. Corrió y me tomó entre sus brazos.

—¡Tufy!, ¿cómo pudiste? —me apretó con fuerza—. ¡Rompiste todas las cosas que quiero! Gracias al cielo que a ti te quiero más que a todo y puedo perdonarte.

¿Qué?

Pensé que me apretaba de pura furia; nunca se me ocurrió que eso fuera *amor.*

Está bien, está bien. Píntenme una sonrisa lela en la mitad de la cara y díganme cursi. Estaba muy emocionado y mi corazón se conmovió. Levanté mi suave carita para acariciar la de Eli, qué buena amiga era, tan generosa, tan dispuesta a perdonar. La imagen misma de la bondad.

No cabía duda, entonces, de dónde iba a pasar la primera noche de mi apuesta, ¿cómo podría ser capaz de salirme a vagabundear, a jugar "cruce de gateras" o "espanta a los niños"?

No podía. Eli había sido fiel; yo lo sería también.

Pasé la noche en la cama de Eli, hecho bolita al lado de mi piadosa y encantadora dueña.

Toda la noche soñé con Coco. A la mañana siguiente, estaba desesperado por correr calle abajo y saludarla, pero corría peligro de encontrarme a Tigre y al resto de la pandilla. Seguramente ya les habría dicho todo sobre la apuesta y estarían prestando mucha atención.

Si acaso se me ocurría cruzar siquiera una palabra con mi adorada, de inmediato iban a treparse al muro y a apuntarme con patas acusatorias. Podía imaginarme sus gritos de júbilo:

—¿Ya ven? ¡Tufy está enamorado!

—¡Es obvio por la manera en que la mira a los ojos!

—¡Y porque se sienta muy cerca de ella!

—¡Definitivamente perdió la apuesta!

¡No! Era mejor mantenerme lejos.

Y eso fue mucho más fácil cuando el Sr. Te-las-vas-a-ver-conmigo-por-echar-a-perder-las-cortinas me encerró en el clóset debajo de las escaleras (después le mintió a la Sra. ¡Oh-no!-¿cómo-pudo-pasar-tal-cosa?, diciéndole que fue un accidente, pero a mí no me engaña; yo sentí su pie en mi trasero empujándome dentro).

¡Me defendí cuanto pude! Me prendí de sus calcetines. No creo que los vuelva a usar, a menos que le guste andar por la calle con tiras de algodón elástico colgándole de los zapatos. Hasta creo que le arañé el tobillo gravemente, pero es que tiene unos pies muy grandes y me tomó por sorpresa.

Una vez que estaba completamente dentro del clóset, cerró la puerta.

No me preocupé. Sabía que, en el momento en que pidiera ayuda, la Sra. ¿De-dónde-demonios-vienen-esos-maullidos-espantosos? vendría corriendo a sacarme. Y no iba a permitir que el papá de Eli pensara que me había molestado. Así que esperé en la oscuridad.

Pero resultó más listo de lo que yo pensaba. Escogió el día en que ella se fue al Spa Espectacular (no, no me pregunten; yo odio el agua, pero creo que eso del spa implica baños calientes, cuartos de vapor y pagarle a alguien para que te unte aceites que huelen rico en la espalda).

Así que estuve ahí solo encerrado todo el día. Ni siquiera tenía sentido gritar, porque él ya se había ido al huerto a abonar sus vegetales (tampoco me pregunten por eso, porque yo no como vegetales; creo que tiene algo que ver con esparcir porquería de caballo y pasto cortado sobre las papas para que crezcan más rápido).

No perdí mi tiempo, entonces. Mejor practiqué una canción que había escuchado en la radio.

—*Riégame con besos, si quieres que crezca, que crez-*
ca mi amor...

Bella, Tigre, Gatucho y yo nos habíamos reído mucho un día con esa canción, metiéndonos la pata en la boca y haciendo como que vomitábamos cada vez que la cantábamos, pero algo pasaba esta vez que sonaba distinta. Encantadora. *Romántica.* La canción perfecta para llevarle serenata a mi nuevo amor.

Seguí cantando muy feliz. Para cuando la Sra. Ahora-me-siento-relajada-y-bella finalmente volvió a casa, ya me salía perfecta. Escuché su coche estacionarse frente a la casa justamente cuando interpretaba las últimas y tiernas notas de *Riégame con besos.* Escuché su llave en la cerradura y después:

—¿Qué es ese ruido tan horrible? Tufy, ¿eres tú?

La puerta del clóset se abrió de pronto. Ahí estaba, rosa y vaporosa.

—¡Tufy! ¡Pobrecito! Atrapado en la oscuridad todo el día, con razón estabas maullando tan feo.

¡Maullando tan feo! ¡Cómo se atreve!

Di la media vuelta y me fui con la cola muy erguida.

Riégame con besos

Al día siguiente decidí que ya estaba bueno de ser paciente (bueno, sí: retuérzanme la cola hasta que grite, lo que quiero decir es que no podía esperar ni un minuto más para contemplar a mi amor). Y qué más daba si todavía faltaba un día antes de que pudiera ofrecerle a Coco salmón orgánico cocido; nada me impedía espiarla del otro lado del seto. Nada me impedía adorarla.

No estaba. Bella y Pelusa estaban jugando a "agitar la tapa del desagüe" frente a su jardín, pero no había ni rastro de mi preciosa Coco.

No quise preguntar por ella enseguida en caso de que fueran a pensar que estaba enamorado y le dijeran a Tigre. Así que sólo dije:

—¡Hola, chicas! ¿Puedo jugar yo también?

—¡Entre más, mejor! —dijo Bella—; y tú eres especialmente bienvenido, Tufy, porque Pelusa y yo no logramos agitar la tapa del desagüe como corresponde sin tu ayuda.

—Es por mi fuerza inigualable —dije, modesto.

—¡Por tu enorme gordura, más bien! —dijo Pelusa. Las dos rieron. Me acerqué con ellas a la tapa y nos reímos mucho haciéndola temblar.

Jasper se acercó caminando por la calle.

—¡Cuidado, niñas! —susurré—; se acerca algo muy feo.

Jasper llegó junto a nosotros. Mientras pasaba junto a mí, murmuró:

—¡Uy! ¡Está empezando a llover! —y escupió hacia mí, como la otra vez.

Decidí mantener mi dignidad, haciendo como que no lo había visto. Y para cuando volteé, ya se había ido.

—Ese Jasper es tan *grosero* —me dijo Bella, para animarme.

—Sí —dijo Pelusa—; es perfecto para Chiquis. Ella también es muy grosera.

—Yo creo que esa amistad ya se acabó —dije a las dos—. Ayer llegó al menos dos horas tarde y ella estaba de muy mal humor. (No les dije que me había mordido el trasero. No era necesario que lo supieran.)

—Él ya se habrá buscado a alguien más —dijo Pelusa.

Sacudí la cabeza.

—Primero Nieve, luego Chiquis. Y ahora alguien más. ¿Qué tanto le ven a Jasper? —las molesté.

Lanzaron otra risita.

—Supongo que lo entenderás mejor —me advirtió Pelusa—, cinco segundos después de que te encuentres a Coco.

Traté de hacer el truco de "¿y quién diablos es esa tal Coco?", pero no estoy seguro de que me lo hayan creído.

No hubo ni rastro de mi adorada en toda la tarde. En cambio, apareció Tigre.

—¡Hola, Tufy! ¿Quieres venir a casa de Phoebe a verme comer salmón?

—Aprovecha —dije—, es tu última oportunidad durante una semana.

—¡Eso dices!

—¡Eso digo!

—Si estás tan seguro de que vas a ganar la apuesta —se burló Tigre—, ¿qué haces aquí, afuera de casa de Coco?

—¿Casa de Coco? —fingí que no me había dado cuenta—. Ah sí. Ha estado fuera tanto tiempo, que ya se me había olvidado.

—¡Eso dices!

—¡Eso digo!

—¡Y nadie más en el mundo!

—Escúchame bien —le advertí—; tú y tu apuesta están a punto de extinguirse. Tenemos menos de un día para que admitas que no estoy enamorado de Coco.

Eso lo molestó un poco.

—¿Por qué? ¿A poco no la has visto desde que regresó?

—Puede que sí —dije, muy tranquilo—, pero puede que no. No me acuerdo bien.

Tigre se fue muy enojado a casa de Phoebe. Cuando estuve seguro de que se había ido, intenté caminar hacia mi propia casa. Pero no podía. Caminaba para atrás.

Cerca y más cerca de la casa de Coco.

A través de su seto.

Sobre el pasto.

Y bajo su ventana.

¿Qué caso tiene practicar una canción preciosa y romántica si no la vas a cantar? Me paré junto al porche, expandí mis pulmones y me arranqué; en mi emoción, no podía recordar la letra exacta, así que fui inventando otra sobre la marcha:

Riégame con besos
si quieres que crezca mi amor
como una gigante zanahoria
en un huerto acogedor.

Debes darme tu cariño
si mi amor quieres guardar
durante la brisa del verano
y el crudo viento invernal.

Debes…

Me detuve al escuchar una ventana abriéndose sua-
vemente. "Qué alegría —pensé—, ¡por fin vería a mi
adorada Coco!"

Salió volando una bota para la lluvia que casi me
pega.

El camino hacia el amor verdadero nunca es fácil,
así que me fui a casa.

Una lluvia de corazoncitos rosa y plata

Por fin llegó el tercer y último día. Debo admitir que estaba muy inquieto. La apuesta terminaría esa tarde y, para matar el tiempo y abrir el apetito para mi cena romántica con Coco, salí a dar un paseo al otro lado del pueblo.

Adivinen a quién me encontré. ¡A Tamara! Trepada en un árbol.

—¿Estás muy ocupada? —le pregunté.

—¿No se nota? —preguntó de vuelta, un poco grosera—, ¡todos estamos muy ocupados!

Agitó una pata. Miré a mi alrededor y, en efecto, en cada árbol a la vista había un gato. De hecho, me pareció que el grupo entero de Derechos de los Gatos estaba presente.

—¿Qué están haciendo? —pregunté.

—¿No es obvio? Nos estamos manifestando.

—¿Y tú crees que alguien se va a dar cuenta? —pregunté, con cuidado—, lo que quiero decir es que, desde donde yo estoy, no parecen más que un montón de gatos trepados en los árboles.

Eso no le gustó nada, se veía a leguas. Puso su cara más enojada y prácticamente me gritó:

—¡Eso sólo te parece a ti, pero porque eres básicamente un *tonto*!

—Oye, tampoco te enojes conmigo —le dije—, yo sólo estoy haciendo un comentario —podía haberle sugerido que buscara a Jasper, del callejón Huggett, porque harían buena pareja, pero lo pensé mejor y me fui.

Al dar la vuelta a la esquina, me encontré a Meli. Para ese momento, ya me había resignado a que era la Semana Internacional de Encontrarse a los Amores Pasados, así que estaba listo.

—Hola, Meli.

—Hola, Tufy.

No dijo nada más, así que, por ser amable, pregunté:

—¿Quieres ir a pasear en silencio?

—Bueno.

¡No podía *contenerme*!

—¿Por el antiguo canal?

—Bueno.

Me llené de ganas de ser malo.

—¿Por donde está lleno de plantas babosas?

—Bueno.

—¿Y de vidrios rotos?

—Bueno.

—¿Y puedo empujarte y mantener tu cabeza bajo el agua?

No me quedé a esperar la respuesta. Entré repentinamente en razón y salí corriendo.

Me pasé las siguientes dos horas trepado en un muro, cerca de la escuela de Eli. Sabía que para la hora en que saliera, cuando tocara la última campanada, yo habría ganado la apuesta, pero Tigre debe haber entrado en pánico conforme avanzaba el tiempo, porque salió a buscarme. De pronto, lo vi pasar justo bajo mis narices.

Me aplané todo lo que pude contra el muro para que no me viera. En cuanto me sentí fuera de peligro y creí que ya había dado vuelta a la esquina, me incorporé.

Ahí seguía.

Me volví a aplanar, esperando que no me hubiera visto.

—¿Qué hay, Tufy? —me gritó en tono sarcástico—, ¿estás practicando lagartijas?

Me paré y agité una pata.

—Ya sabes, Tigre. Me gusta mantenerme en forma.

—¿No será que te estás manteniendo a salvo y lejos de Coco hasta que termine la apuesta?

—¿Lejos de Coco? ¡Para nada! —aseguré—. Sólo escogí este lugar soleado para mis ejercicios, nada más.

Miró hacia arriba. Miró hacia abajo. Miró a la derecha y a la izquierda. No había sol por ningún lado.

—Debe haberse nublado de repente —murmuré.

Soltó una risita maligna.

—Siendo así, no te va a importar caminar conmigo a la avenida Acacias en lugar de estar haciendo trampas.

—¿Trampas?

—Pues sí, escondiéndote aquí, a calles de distancia de la tentación.

¡Qué prueba más difícil! Pero no era momento de acobardarse.

—De verdad que no entiendo de qué hablas —dije, muy digno—, pero con mucho gusto te acompaño.

—¡Perfecto! —dijo.

Arrancó con paso veloz. Cualquiera hubiera dicho que éramos un par de obsesivos del ejercicio. Estoy seguro de que llegamos en la mitad del tiempo que le toma a Eli regresar a nuestra calle, aun cuando tiene prisa.

Y ahí, justo en medio de la calle, estaba Coco.

La luz del sol caía sobre ella, envolviéndola en una nube rosa. Sus ojos brillaban. Su preciosa cola se curvaba en un elegante anillo. Se veía tan suave y amable, tan encantadora, como si dijera "eres muy lindo, *me gustas*".

Me quedé ahí, hecho un idiota. No podía ni hablar.

Pero Tigre sí podía.

—¿Qué pasó, *esa* Coco? —le gritó, como si fuera una más de la pandilla—. Ven a saludar a nuestro amigo Tufy, anda.

Inclinó la cabeza seductoramente a un lado.

—Hola, Tufy. ¿No eras tú el que siempre estaba jugando a "revolver los escarabajos de la coladera" cuando yo vivía aquí?

Todavía no había recuperado el habla, pero por suerte Nieve respondió.

—¡Sí! ¡Era Tufy! Terminó siendo buenísimo para ese juego.

Y Coco me guiñó los ojos.

¡Me guiñó los ojos! De pronto, vi una nube de corazoncitos rosa y plata caer sobre ella como confeti mágico. Escuché un dulce tintineo de campanas. La calle entera se llenó de olor a perfume y sentí pétalos de rosa debajo de mis patas.

Que se dispersen los escarabajos

—¿Tufy? ¿Tufy, estás bien?

Recobré la compostura. No quedaba más que una hora para ganar la apuesta.

—Lo siento —le dije a la pandilla—; me sentí un poco mareado. Deben haber sido todas esas sentadillas en el muro.

—No hiciste más que dos —se burló Tigre. Obviamente, se daba cuenta de que estaba a menos de medio bigote de ganar la apuesta. Volteó a ver a los otros—. Vamos, chicos. Dejemos a Tufy y a Coco a solas para que platiquen de los viejos tiempos.

Me empujó a través de un agujero del seto y Coco me siguió.

En un segundo, la pandilla había desaparecido.

Coco se sentó e inclinó la cabeza en gesto inquisitivo.

—¿Sí me recuerdas?

Tragué saliva.

"¡Sí, te recuerdo!" Quería gritar a los cuatro vientos: "¡*por supuesto* que te recuerdo! ¿Cómo no recordar tu belleza y tu gracia, tu pelaje sedoso y tu cautivante andar?"

Pero, una vez más, no podía decir palabra. Sólo podía mirar, hecho un tarado, sus ojos dorados. Quería sugerir que fuéramos a dar un paseo (¡a cortejarla!) para compensar todos esos años perdidos en que me entretuve inútilmente con otros amores, mientras ella estaba lejos de mí, en Huddersfield. Quería corretear sobre campos de flores con ella a mi lado. Adorarla por siempre y para siempre. Quería...

Escuché un crujido en el pasto a mis espaldas. ¿Sería Tigre, espiándome? No di la vuelta porque Coco estaba hablando de nuevo y su voz acariciante murmuró:

—¡Bueno! Pues hace mucho que no te veía, pero me queda claro que estás tan en forma como siempre.

¿Quién hubiera pensado que había notado mi rotunda figura, con todo y que siempre me encontraba encorvado sobre un desagüe, agitando escarabajos con devoción? Incliné la cabeza y miré el pasto bajo mis pies en un gesto de humildad.

—Y tan guapo como siempre, también…

Hice un gesto con la pata como si me diera vergüenza.

—Y no he olvidado —dijo Coco, con admiración—, la forma tan extraordinaria y valiente en que atacaste a la enorme rata que salió disparada de la cañería.

¿Ataque? ¿Rata? Ése no fui yo. Ése fue…

¡Noooo!

Me di la vuelta.

Y ahí estaba. ¡Jasper! Se había deslizado detrás de mí y estaba ahí parado, con una sonrisa burlona. ¡Coco no me hablaba a mí! Sin duda, decidió que yo no era más que un idiota mudo que no podía hacer otra cosa que arrastrar la pata por el piso y fijó sus ojos dorados en Jasper. Ahora le hacía guiños a él.

No puedo recordar lo que sucedió después, más allá de que Jasper me aplastó mientras se dirigía a Coco. Me quedé ahí sentado, en el pasto. Supongo que debí haberme sentido muy agradecido de que no me hubiera escupido, pero estaba muy ocupado. Estaba muy ocupado viendo cómo la lluvia de confeti de corazoncitos rosa y plata se convertía en pedazos grises de basura, y escuchando el tintineo de las campanas convertido en un estruendo chillante. La calle ya no olía a perfume, y en lugar de pétalos de rosa, bajo mis patas sentía tierra seca, y bajo mi trasero, todavía adolorido, raíces puntiagudas de pasto.

¿Quién necesita amor?

Yo no. Y si alguna vez cambio de opinión, iré con Eli, que sabe quererme como se debe.

Para cuando me levanté y vi a mi alrededor, Coco y Jasper habían desaparecido.

Me eché en el pasto a que me diera el sol hasta que escuché a Eli llamarme.

—¡Tufy! ¡Tuuuuufy! ¡Ya llegué!

Si ya había regresado de la escuela, quería decir que ya eran las tres y media. Ya había ganado la apuesta.

Esperé hasta que se cansó de llamarme y fui a buscar a la pandilla.

—Hola, muchachos.

Era obvio que Tigre no estaba nada contento de verme regresar solo.

—¿Y dónde está Coco?

Me encogí de hombros.

—Yo qué sé.

Tigre entrecerró los ojos.

—¿No quedaron de verse después?

—No —puse cara de sorpresa—, ¿por qué íbamos a
hacerlo?

—¡Porque se suponía que ibas a enamorarte! —gritó—. ¡Porque estabas obsesionado con ella antes de
que se fuera a Huddersfield! ¡Estabas vuelto loco!
¡Estabas hecho un cursi sin remedio! ¡Y estaba seguro de que en cuanto volvieras a verla, tu corazón da-
ría un vuelco!

—Te lo advertí desde un principio —dije—, que Tufy
ya tuvo suficiente del amor.

—¿No estás fingiendo?

—No —insistí—, ¿quién necesita el
amor? Yo no.

Lo miré hacer pucheros durante un par de minutos. Mientras le hacía gestos al asfalto de la calle, reparé en Jasper y Coco, que iban en dirección al campo de flores amarillas. Hice gestos yo también.

Y luego pensé "ya estuvo bueno" y le di un buen empujón a Tigre.

—¡Basta! —dije—. Vamos a buscar a los demás y a jugar a "revolver a los escarabajos en la coladera" —después de todo, ¿qué caso tiene practicar tanto si no puedo presumir mis habilidades de vez en cuando?

Tigre todavía tenía pinta de enojado.

—*Además* —dije, tentándolo—, ya que que sólo fue una apuesta de tres días, sólo voy a cobrar tres días de premio.

—¿En serio? —me miró, ya mucho más contento—, ¿sólo te vas a aprovechar del plato de Phoebe tres días?

—Prefiero pensar —dije, digno— que le estoy ofreciendo un excelente salmón cocido a un amigo para que se ponga de buen humor.

—Tufy —dijo—, eres el mejor. Y tienes toda la razón, nadie en este mundo necesita el amor.

—Exacto —dije—. ¡Que se dispersen los escarabajos! ¡Aquí viene la pandilla!

Nos reunimos con los otros y nos fuimos.

El gato asesino se enamora, de Anne Fine, se terminó de imprimir
y encuadernar en julio de 2015 en Impresora y Encuadernadora
Progreso, S. A. de C. V. (IEPSA), calzada San Lorenzo 244, Paraje
San Juan, C. P. 09830, México, D. F.

El tiraje fue de 6 300 ejemplares.